书法系列丛书
SHUFA XILIE CONGSHU

班志铭 班正 编著

黑龙江美术出版社

精选底本 全文放大 通篇译文 无缺字本

U0124905

赵构真书养生论卷

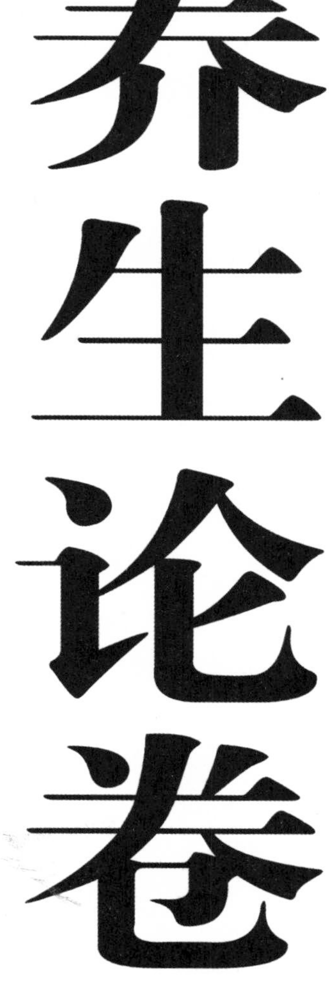

中国历代名碑名帖放大本系列

出版说明

宋高宗赵构（一一〇七至一一八七），字德基，徽宗第九子。涿州（今河北涿县）人。大观元年授定武军节度使检校太尉，封蜀国公，二年封康平郡王。宣和三年十二月封康王。后迁扬州，再徙临安建都，史称『南宋』。在位三十六年，苟且偷安，匿怨忘亲，恬堕猥懦，坐失事机。卒至纳币称臣，割弃淮北，乞和于金，使宋代成偏安之局。

赵构作为一代偷安误国的君主，对书法艺术却情有独钟，自谓：『顷自束发，即喜揽笔作字，虽屡易典型，而心所嗜者固有在矣。凡五十年间，非大利害相妨，未始一日舍笔墨』。其书初学黄庭坚，继学米芾，后专意钟、王、智永，又辅以六朝风骨，遂自成家。其云：『余自魏晋以来，至六朝笔法，无不临摹，或萧散，或枯瘦，或遒劲而不回，或秀异而特立，众体备于笔下，意简犹存于取舍，至若《禊帖》则测之益深，拟之益严，姿态横生，莫造其源，详观点画，以至成诵，不少去怀也。』

《养生论》卷是存世的赵构精品力作之一。该卷纵二五点一厘米，横六零三点六厘米，真草二体书就。从形式上看，与智永《真草千字文》如出一辙，真书与草书间夹排列，互为映照，有序的排列充溢着一种匀整平和之美。宋代的书法，是在唐代书法基础上发展的，尽管这个时期文人士大夫的介入，他们那种放浪不羁的性格特征强烈地开拓了书法笔性的艺术美，张扬个性、崇尚自然的『尚意』书风日愈成为一种审美的主体趋势，然而魏晋『二王』一脉的书法毕竟有着根深蒂固的历史文化底蕴，即便高擎『尚意』幡旗的苏、黄、米，也都把他们的创格建筑在追摹晋唐的基础之上。作为宋代酷爱书法的君王，更是把晋唐的书法奉为圭臬，宋徽宗赵佶如此，宋高宗赵构亦如此。

赵构此篇《养生论》，完全承传了『二王』一脉的书风，用笔润媚圆和，精奥纯正，丰腴圆润不失清逸之气，温柔妍婉颇具清和流宕之像。

此次，仅选其真书一体成卷，全文放大，通篇译文，无缺字。绢本全貌崭新，修补了残损缺失之处。这套丛帖可谓初学入门的经典之作。所谓仁者见仁，智者见智，不足之处，敬请方家指正。

嵇康養生論

世或有謂神
仙可以學得
不死可以力

世或有谓神
仙可以学得
不死可以力

致者或云上
壽百二十古
今所同過此

致者或云上
寿百二十古
今所同过此

以往莫非妖
妄者此皆两
失其情试粗

以往莫非妖妄者此皆兩失其情試粗

論之夫神仙
雖不目見然
記籍所載前

论之夫神仙
虽不目见然
记籍所载前

史所傳較而論之其有必矣似特受異

史所传较而论之其有必矣似特受异

气禀之自然非积学所能致也至于导

氣稟之自然非積學所能致也至於導

養得理以盡
性命上獲千
餘歲下可數

养得理以尽
性命上获千
余岁下可数

百年可有之
耳而世皆不
精故莫能得

百年可有之耳而世皆不精故莫能得

之何以言之
夫服藥求汗
或有弗獲而

之何以言之
夫服药求汗
或有弗获而

愧情一集涣
然流离终朝
未餐则嚣然

愧情一集渙
然流離終朝
未餐則囂然

思食而曾子
銜哀七日不
饑夜分而坐

思食而曾子
衔哀七日不
饥夜分而坐

則低迷思寢
內懷商憂則
達旦不瞑勁

则低迷思寝
内怀商忧则
达旦不瞑劲

刷理鬢醇醴
發顏僅乃得
之壯士之怒

刷理鬓醇醴发颜仅乃得之壮士之怒

赫然殊觀植髮衝冠由此言之精神之

赫然殊观植发冲冠由此言之精神之

於形骸猶國

之有君也神

躁於中而形

于形骸犹国
之有君也神
躁于中而形

丧于外犹君
昏于上国乱
于下也夫为

喪於外猶君
昏於上國亂
於下也夫爲

稼於湯世偏
有一溉之功
者雖終歸燋

稼于汤世偏
有一溉之功
者虽终归燋

爛必一溉者
後枯然則一
溉之益固不

烂必一溉者
后枯然则一
溉之益固不

可誣也而世
常謂一怒不
足以侵性一

可诬也而世
常谓一怒不
足以侵性一

哀不足以伤
身轻而肆之
是犹不识一

哀不足以傷
身輕而肆之
是猶不識一

溉之益而望

嘉穀於旱苗

者也是以君

溉之益而望
嘉谷于旱苗
者也是以君

子知形恃神

以立神須形

以存悟生理

子知形恃神
以立神须形
以存悟生理

之易失知一
過之害生故
脩性以保神

之易失知一过之害生故修性以保神

安心以全身
愛憎不棲於
情憂喜不留

安心以全身
爱憎不栖于
情忧喜不留

於意泊然無
感而體氣和
平又呼吸吐

于意泊然无
感而体气和
平又呼吸吐

納服食養身
使形神相親
表裏俱濟也

纳服食养身
使形神相亲
表里俱济也

夫田種者一
畝十一斛謂
之良田此天

夫田种者一
亩十一斛谓
之良田此天

下之通稱也
不知區種可
百餘斛田種

下之通称也
不知区种可
百余斛田种

一也至於木養不同則功收相懸謂商

一也至于木养不同则功收相悬谓商

無十倍之價
農無百斛之
望此守常而

无十倍之价
农无百斛之
望此守常而

不變者也且

豆令人重揄

令人瞑合歡

不变者也且
豆令人重榆
令人瞑合欢

蠲忿萱草忘
憂愚智所共
知也薰辛害

蠲忿萱草忘
忧愚智所共
知也薰辛害

目豚魚不養
常世所識也
蝨處頭而黑

目豚鱼不养
常世所识也
虱处头而黑

麝食柏而香
颈处险而瘿
齿居晋而黄

麝食栢而香
頸處險而癭
齒居晉而黃

推此而言凡
所食之氣蒸
性染身莫不

推此而言凡
所食之气蒸
性染身莫不

相應豈惟蒸
之使重而無
使輕害之使

相应岂惟蒸
之使重而无
使轻害之使

闇而無使明
薰之使黄而
無使堅芬之

暗而无使明
薰之使黄而
无使坚芬之

使香而無使
延哉故神農
曰上藥養命

使香而无使
延哉故神农
曰上药养命

中藥養性者
誠知性命之
理因輔養以

中药养性者
诚知性命之
理因辅养以

通也而世人
不察唯五谷
是见声色是

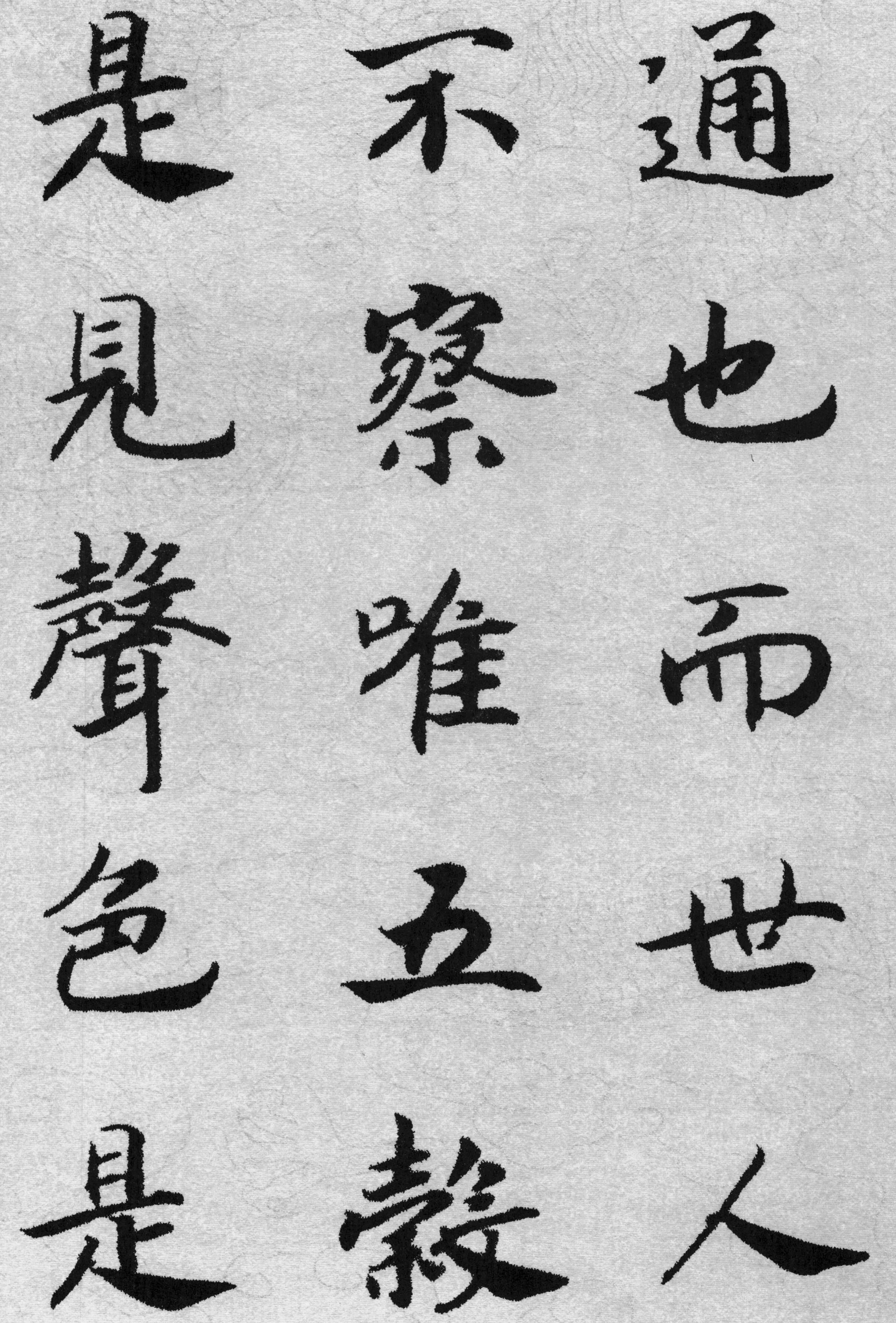

耽目惑元黃
耳務淫哇滋
味煎其府藏

耽目惑元黄
耳务淫哇滋
味煎其府藏

醴醪煮其腸
胃香芳腐其
骨髓喜怒悖

醴醪煮其肠
胃香芳腐其
骨髓喜怒悖

其正氣思慮消其精神哀樂殃其平粹

其正气思虑消其精神哀乐殃其平粹

夫以蕞爾之
軀攻之者非
一塗易竭之

夫以蕞尔之
躯攻之者非
一涂易竭之

身而外內受
敵身非木石
其能久乎其

身而外内受
敌身非木石
其能久乎其

自用甚者饮
食不节以生
百病好色不

自用甚者飲
食不節以生
百病好色不

勌以致之絶
風寒所灾百
毒所傷中道

倦以致之绝
风寒所灾百
毒所伤中道

天於衆難世
皆知笑悼謂
之不善持生

天于众难世
皆知笑悼谓
之不善持生

也至於措身
失理亡之於
微積微成損

也至于措身
失理亡之于
微积微成损

积损成衰从衰得白从白得老从老得

積損成衰從衰得白從白得老從老得

终闷若无端
中智以下谓
之自然纵少

終悶若無端
中智以下謂
之自然縱少

覺悟感歎恨
於所遇之初
而不知慎衆

觉悟感叹恨
于所遇之初
而不知慎众

險於未兆是
猶桓侯抱將
死之疾而怒

险于未兆是
犹桓侯抱将
死之疾而怒

扁鹊之先见
以觉痛之日
而为受病之

始也害成於微而救之於著故有無功

始也害成于微而救之于著故有无功

之理馳騁常
人之域故有
一切之壽仰

之治驰骋常
人之域故有
一切之寿仰

觀俯察莫不
皆然以多自
證以同自慰

观俯察莫不
皆然以多自
证以同自慰

謂天地之理
盡此而已矣
縱聞養生之

谓天地之理
尽此而已矣
纵闻养生之

事則斷以所見謂之不然其次狐疑雖

事则断以所见谓之不然其次狐疑虽

少庶几莫知
所由其次自
力服药半年

少庶幾莫知所由其次自力服藥半年

一年勞而未
驗志以厭衰
中路復廢或

一年劳而未
验志以厌衰
中路复废或

益之以畎澮
而泄之以尾
閭欲坐望顯

益之以畎浍
而泄之以尾
闾欲坐望显

報者或抑情
忍欲割棄榮
願而嗜好常

报者或抑情
忍欲割弃荣
愿而嗜好常

在耳目之前
所希在数十
年之后又恐

在耳目之前所希在數十年之後又恐

兩失內懷猶
豫心戰於內
物誘於外交

两失内怀犹
豫心战于内
物诱于外交

赊相倾如此
复败者夫至
物微妙可以

賒相傾如此
復敗者夫至
物微妙可以

理知難以目
識譬猶豫章
生七年然後

理知难以目
识譬犹豫章
生七年然后

可覺耳今以
躁競之心涉
希静之塗意

速而事遲望
近而應遠故
莫能相終夫

速而事迟望
近而应远故
莫能相终夫

悠悠者既未效不求而求者以不專喪

悠悠者既未效不求而求者以不专丧

業偏恃者以
不兼无功追
術者以小道

业偏恃者以
不兼无功追
术者以小道

自溺凡若此
類故欲之者
萬無一能成

自溺凡若此
类故欲之者
万无一能成

也善養生者
則不然矣清
虚静泰少私

也善养生者
则不然矣清
虚静泰少私

寡欲知名位之伤德故忽而不营非欲

寡欲知名位
之傷德故忽
而不營非欲

而彊禁也識
厚味之害性
故棄而弗顧

而强禁也识
厚味之害性
故弃而弗顾

非貪而後抑

也外物以累

心不存神氣

非贪而后抑也外物以累心不存神气

以醇白獨著
曠然無憂患
寂然無思慮

以醇白独著
旷然无忧患
寂然无思虑

又守之以一

養之以和和

理日濟同乎

大順然後蒸以靈芝潤以醴泉晞以朝

大顺然后蒸以灵芝润以醴泉晞以朝

阳绥以五弦
无为自得体
妙心玄忘欢

陽綏以五絃
無為自得體
妙心元忘歡

而後樂足遺
生而後身存
若此以往恕

而后乐足遗
生而后身存
若此以往恕

可與羨門比
壽王喬爭年
何爲其無有

可与羡门比
寿王乔争年
何为其无有

哉

右嵇康養生論一卷真草
相間用智永千文體後有
德壽御書印德壽宋高宗

宫名作手紹興十八年戊辰
實中興之二十二年也又九年
為孝宗受禪始尊高宗
為太上皇退處德壽又十四年、

八十一而崩于是宫此書蓋倦
勤筆時計其年當過耳順
而楷墨精密乃如此豈真有
得于養生之說極歟史稱其

得于養生之說故史稱其

博學彊記繼體守文而撥

亂反正復讎雪恥爲未足觀

于是書者其亦有所感矣吾

友楊道寧都憲得以而藏之

敬題其後 正德三年六月

十三日長沙李東陽書

右太史姚君繼文藏宗思陵手書嵇中散養生論一篇行楷真草相間後有德壽御書印德壽思陵為太上時所居宮

也思陵初擬豫章石青冰之
間曉始刻意山陰傍及鐵門
限此尤其得意筆正書時於
精累寂章法一二蓋欲以拙

校熟耳行草翩一二年堂

廣間而不能脫蹊逕然要當

於六代人求之繼文工八法無

俟余贊余獨歎中散之精於

持論而身不能免也其微言奧

旨若遺丹之在藏數百年千

尚能起痼離凡中而謂一怒

足以侵性一哀足以傷身思

陵深藏之故德壽三十年不

減王清上真而五國之游魂

不逮矣單豹食外彭聃為

夭其思陵與中散之謂耶

萬曆紀元秋七月晦吳郡

王世貞書於武昌南樓

图书在版编目（C I P）数据

赵构真书养生论卷 / 班志铭编著. -- 哈尔滨 : 黑龙江美术出版社, 2019.4
（中国历代名碑名帖放大本系列）
ISBN 978-7-5593-4394-9

Ⅰ. ①赵… Ⅱ. ①班… Ⅲ. ①汉字—碑帖—中国—宋代 Ⅳ. ①J292.25

中国版本图书馆CIP数据核字(2019)第054045号

赵构真书养生论卷
ZHAOGOU ZHENSHU YANGSHENGLUNJUAN

编　　著 / 班志铭　班　正
出 品 人 / 周　巍
责任编辑 / 赵立明　王宏超
整体设计 / 李兴国　张晓勇　李　响
电脑制作 / 苑桂芝　张晓军　马丽佳　程　超
出版发行 / 黑龙江美术出版社
地　　址 / 哈尔滨市道里区安定街225号
邮政编码 / 150016
发行电话 / （0451）84270514
编辑室电话 / （0451）84270530
网　　址 / www.hljmscbs.com
经　　销 / 全国新华书店
制　　版 / 黑龙江美术出版社
印　　刷 / 牡丹江邮电印务有限公司
开　　本 / 787mm × 1092mm　1/8
印　　张 / 12.25
版　　次 / 2019年7月第1版
印　　次 / 2019年7月第1次印刷
书　　号 / ISBN 978-7-5593-4394-9
定　　价 / 69.00元

本书如发现印装质量问题，请直接与印刷厂联系调换。